AF370146

3 décembre 1898

Succession de M. BALIN

VENTE

D'UNE

IMPORTANTE COLLECTION

DE

TABLEAUX

PAR

A. FEYEN-PERRIN

SALLE N° 6 DE L'HOTEL DROUOT

Le Samedi 3 Décembre 1898, à 3 heures

EXPOSITION PUBLIQUE

Le Vendredi 2 Décembre 1898

De 2 heures à 5 heures 1/2

Me F. SARRUS, COMMISSAIRE-PRISEUR

A Paris, 74, rue Saint-Lazare

IMPRIMERIE MAULDE ET RENOU

MAULDE, DOUMENC & Cie
IMPRIMEURS DE LA COMPAGNIE DES COMMISSAIRES-PRISEURS
Rue de Rivoli, 144. — Paris

Succession de M. BALIN

CATALOGUE

D'UNE

IMPORTANTE COLLECTION

DE

TABLEAUX

PAR

A. FEYEN-PERRIN

DONT LA VENTE AURA LIEU

Le Samedi 3 Décembre 1898, à 3 heures

HOTEL DROUOT — SALLE N° 6

EXPOSITION PUBLIQUE

Le Vendredi 2 Décembre 1898

De 2 heures à 5 heures 1/2

Mᵉ F. SARRUS, COMMISSAIRE-PRISEUR

A Paris, 74, rue Saint-Lazare

CONDITIONS DE LA VENTE

—

Elle sera faite au comptant.

Les Acquéreurs paieront CINQ POUR CENT en sus des adjudications.

Maulde, Doumenc et Cⁱᵉ, imprimeurs de la Cⁱᵉ des Commissaires-Priseurs
rue de Rivoli, 144   3oo—77774

FEYEN-PERRIN

ET SON ŒUVRE

Le 14 octobre 1888 mourait, dans son atelier du boulevard de Clichy, brusquement enlevé à son frère, à ses amis, à ses admirateurs, Feyen-Perrin, l'un des maitres les plus sympathiques et les plus puissants de notre école contemporaine.

Dix ans après, presque jour pour jour, c'est Paul Balin que la mort frappe, Paul Balin qui fut toujours au premier rang pour honorer la mémoire de l'ami et consacrer la gloire de l'artiste.

Aussi suivit-il avec le plus vif intérêt la vente que nous avons faite en 1889 de l'atelier du maître, c'est là qu'il acquit quelques-unes des toiles les plus célèbres de Feyen-Perrin : *Le Bain, le Soir, la Faneuse, L'enfance du Mousse, la Danse des Nymphes, la Femme à l'Orange,* etc., il possédait déjà *Ève* et ces *Buveurs et Musiciens* qu'abrita jadis l' « Hôtellerie » de la rue Jacob.

Il transforma à grands frais les salons de son hôtel

Louis XV — qu'habita, dit-on, Madame de Pompadour — pour donner à sa galerie l'espace et la lumière, réclamés par des œuvres aussi magistrales.

Ces travaux touchaient à leur fin, le rêve si longtemps caressé allait se réaliser; quand le fatal dénouement a tout anéanti! La dispersion de cette collection a été décidée.

Il ne nous appartient pas de parler en détail des œuvres que nous aurons à présenter au public; qu'il nous soit permis toutefois de mettre sous les yeux du lecteur quelques lignes et des vers admirables consacrés, par notre grand poète Armand Silvestre, à la mémoire de Feyen-Perrin; elles sont empruntées à la notice que l'aimable écrivain voulut bien placer en tête du catalogue de notre vente de 1889 et qu'il intitula : *Au Pays des Souvenirs.*

18 Février 1889.

. . . .

. . . .

Il y a vingt-cinq ans que je rencontrai pour la première fois Feyen-Perrin dans cette hôtellerie d'artistes de la rue Jacob dont j'ai déjà parlé quelquefois. Je ne sais si le coup de foudre existe en amour, mais je suis certain qu'il est des amitiés si soudaines, qu'un instant suffit à les nouer. Je n'ai guère gardé de compagnons dans la vie que ceux qui m'avaient ainsi plu tout d'abord, par une sorte de divination du cœur et de l'esprit. La nature très

aristocratique de Feyen se prêtait peu aux amitiés impro-
visées. Aussi la surprise fut-elle grande, dans le milieu
qui nous avait inopinément réunis, de nous entendre
nous tutoyer le soir même du jour où nos mains s'étaient
serrées pour la première fois. Tout m'avait attiré vers ce
nouveau venu ; la beauté virile de son visage ; c'était celui
d'un Christ brun ; la douceur de ses yeux, le son caressant
de sa voix : par dessus tout, le grand air de loyauté qui
éclairait sa physionomie.

Il occupait alors, rue Mazarine, un grand atelier et venait
d'achever son tableau de la *Barque de Caron*, lequel
devait commencer sa renommée. Comment ne pas songer
aujourd'hui à cette barque funèbre dont tous les passagers
étaient des portraits d'amis, presque tous disparus ?
Singulier hasard, c'était Berthelier, qui lui aussi vient de
mourir et qui n'était alors qu'un modeste chanteur du
café-concert de la rue Contrescarpe, dont les traits avaient
servi de modèle au fou qui rit à l'avant du bateau. Feyen
venait d'achever aussi le rideau du Théâtre-Italien que
garde aujourd'hui, comme une relique, le peintre Charles
Toché et où, à côté des portraits de Mario et de la
Frezzolini, l'artiste s'est représenté lui-même, dans cette
fleur hautaine de jeunesse dont j'ai parlé plus haut.

Il était tout alors à la forte éducation de l'Ecole des
Beaux-Arts et rêvait de ce qu'on est convenu d'appeler
la grande peinture, avec une hauteur d'aspiration que je
n'ai connue qu'à bien peu de ses contemporains. Un
voyage sur les côtes de Bretagne fit jaillir dans son esprit

une veine d'inspiration nouvelle. C'est au retour qu'il fit
cette figure de la *Grève* que je crois encore aujourd'hui
son chef-d'œuvre. Dans tous les cas, il y affirmait la
conception qui s'était soudain révélée à lui de l'éternelle
parenté qui fait la femme fille de la mer, comme l'avait
proclamé la fable antique. Dès lors, cet olympique ber-
ceau de la beauté devint pour lui le décor devant lequel
il aimait à la représenter sans cesse, reflétant la vague
lointaine dans la mélancolie de son regard. Plus tard
seulement le sentiment de la modernité lui fit peindre
ces femmes et ces filles de pêcheurs dont le rapide succès
le rendit populaire. Malgré moi, je m'intéresse davantage
à ces admirables figures nues qu'il a posées devant
l'Océan. Celle-ci creusant le sable humide du relief
vivant de son ventre et rappelant le vers admirable de
Beaudelaire :

Comme un bétail pensif, sur le sable couchée

Celle-là, debout, et tordant dans le vent l'or mouillé
de sa chevelure ; celle-là, comme une triane, attendant le
nautonnier qui ne reviendra pas.

Non, certes, jamais, dans un sentiment de poésie plus
profond, nul n'exprima ce qui fait la mer et la femme
pareilles, également perfides et tentantes, pleines de
caresses et de trahisons. Nul ne réalisa, au même point,
l'harmonie qui les enveloppe d'un charme commun,
faisant haleter les seins nacrés comme des vagues, don-
nant au noble mouvement des hanches la nonchalance

calme des reflux, mêlant si bien tout ce qui nous séduit
dans la femme à tout ce qui nous épouvante dans la mer
qu'elles ne sont plus, à elles deux, qu'une même image
à la fois délicieuse et farouche.

Le sentiment de la beauté de la femme qu'avait Feyen-
Perrin était si personnel que les figures se reconnaissent
bien vite. Ce qui y domine, c'est l'aristocratie des propor-
tions. Ce qui achève de les distinguer, c'est une tendresse
dans l'exécution, qui fait que chaque coup de pinceau
semble une caresse restée sur la toile. On n'y retrouve
ni la voluptueuse saveur des Chaplin, ni le sentiment
mystique des femmes d'Henner : les siennes sont infini-
ment plus poétiques que les premières, plus vivantes que
les secondes. C'est la nature, la nature vraie, mais puis-
samment idéalisée par une conception des formes où
s'attestait en même temps que le respect du réel un invin-
cible souci de l'au-delà.

. . . .

. . . .

*
* *

La gloire abritera sous le laurier vermeil
L'ombre qu'en ce tombeau nos larmes ont suivie.
D'aimer et de souffrir ayant rempli sa vie,
Celui qui dort ici mérita le sommeil.

Pour l'idéal auguste il combattit sans trêve ;
Comme un soldat vaillant le sort le vainquit seul.
Seule, la mort, avec les plis blancs du linceul,
Referma, sur son front, les ailes de son rêve.

Pétri du sol fidèle où fleurit l'amitié,
Son cœur était à vous, sitôt sa main serrée.
La moitié de ses jours à l'art fut consacrée,
Et notre souvenir garde l'autre moitié.

L'art allégea pour lui le poids des jours moroses,
Sans lui faire oublier ceux que l'hiver lui prit.
Un printemps éternel fleurissait son esprit,
Avec l'amour du beau dans la femme et les roses.

Ce qu'emporta son âme en remontant au cieux,
Comme les fils rompus d'une vivante trame,
Dans le deuil de nos cœurs c'est un peu de notre âme,
Un peu de nos regards dans les pleurs de nos yeux!

Avec des chants plus doux, avec des flots de calmes,
Mer de Bretagne, ô mer qu'il ne reverra plus,
Que, jusqu'à cette pierre étendant ses reflux,
Ton écume d'argent vienne y jeter des palmes!

La gloire abritera sous le laurier vermeil
Celui dont jusqu'au bout le culte l'a servie.
De croire et d'espérer ayant rempli sa vie,
Celui qui dort ici mérita le sommeil.

Armand SILVESTRE.

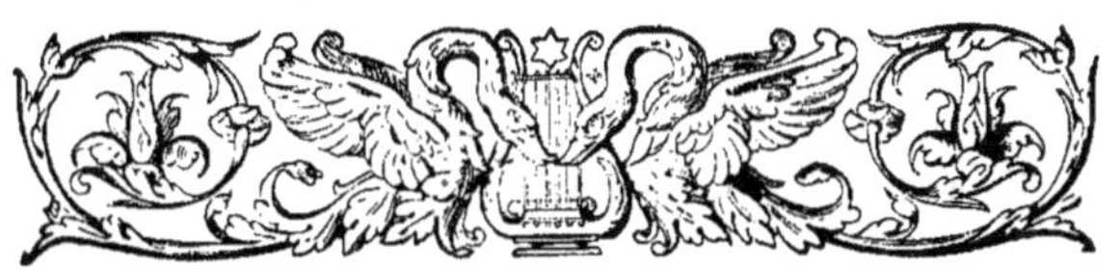

TABLEAUX ET DESSINS

FEYEN-PERRIN

1 — Le Bain.

H. 1ᵐ73 ; L. 2ᵐ36.

2 — Danse de Nymphes au Crépuscule.

H. 2ᵐ50 ; L. 4ᵐ25.

3 — La Faneuse.

H. 2ᵐ; L. 1ᵐ12.

4 — La Couleuvre ou la Femme à l'Orange.

H. 0ᵐ80; L. 1ᵐ95.

5 — Le Printemps.

H. 2ᵐ; L. 0ᵐ90

6 — Le Nid.

H. 1ᵐ03 ; L. 1ᵐ80.

7 — Débarquement de Pommes.

H. 0ᵐ70; L. 0ᵐ89.

8 — Nymphe endormie.

H. 2ᵐ; L. 1ᵐ12.

9 — L'Homme au Casque.

H. 0ᵐ57 ; L. 0ᵐ40.

10 — Le Repos.

H. 0ᵐ66; L. 0ᵐ81.

11 — Le Retour à la Chaumière.

H. 1^m74; L. 1^m5o.

12 — L'Absinthe. Figure allégorique.

H. 1^mo5; L. 1^mgo.

13 — Décoration du Théâtre de Monte-Carlo.

H. 1^m5o; L. o^m66.

14 — La Vanneuse.

H. 1^mg5 ; L. o^mg2.

15 — Baigneuse.

H. 1^m41; L. o^mg5.

16 — Le Thermomètre du Sentiment.

H. o^m22; L. o^m3g.

17 — Retour de la Pêche.

H. 1^mg5; L. 1^m3o.

18 — Le Soir.

H. o^m64; L. o^m88.

19 — L'Ivresse.

H. 1^m; L. 1^m75.

20 — Baigneuses.

Panneau décoratif à la colle.

H. 1^m85; L. 1^m3o.

21 — Cancalaise.

H. o^m32; L. o^m24.

22 — Dans les Montagnes, en Suisse.

H. o^m52; L. o^m33.

23 — La Muse des Tombeaux.

H. o^m32; L. o^m24.

24 — L'Enfance du Mousse.

H. 1^m25; L. o^m83.

25 — Jeune Fille.

H. o^m43; L. o^m37.

26 — L'Attente du Bateau. Cancalaise assise sur la Falaise.

27 — Buveurs et Musiciens.

Peint pour l'hôtellerie d'artistes de la rue Jacob.

28 — Ève.

29 — Statue dans un Parc.

30 — La Femme aux gants gris-perle.

31 — Jeune Femme brune.

32 — Melon et Fruits.

33 — Paysage. Fantassin français au premier plan.

34 — Cancalaises sur la Plage.

35 — Au bord du Lac.

H. 0^m30 ; L. 0^m36.

36 — Tête de Cancalaise.

H. 0^m45 ; L. 0^m32.

37 — Le Lac d'Annecy.

H. 0^m38 ; L. 0^m52.

38 et 39 — Jeunes Filles.

40 — Portrait d'Homme.

41 — Italienne.

42 — Cascade.

43 — La Nymphe endormie.
Fusain.

H. 2^m ; L 1^m10.

44 — Vénus Astarté.
Fusain.

FEYEN (Eugène)

45 — Pêcheuses à marée basse.

GUILLEMET

46 — Paysage ; village au bord de la mer.

HÉREAU (J.)

47 — L'Ane.

48 — La Vache.

HANOTEAU

49 — Paysage ; gardeuse de chèvres.

DUMANTIN (M.)

50 à 54 — Fruits.

APPERT (E.)

55 — Vase avec guirlandes de Fleurs.

SILVA

56 — Paysage avec Vache.

FAUSTIN-BESSON

57 — Plafond.

58 à 61 — Panneaux décoratifs et dessus de porte à Amours jouant.

REIBSMEISTER

62 — Fruits.

ÉCOLES DIVERSES

63 — Tableau ancien ; fleurs.

64 — Tableau ancien ; nature morte.

65 — Descente de Croix.

[illegible]

[illegible]

[illegible]

IMPRIMERIE [illegible]

www.ingramcontent.com/pod-product-compliance
Lightning Source LLC
LaVergne TN
LVHW010905180726
843502LV00010B/3980